Mein Gebetsschatz

Kindergebete

Das Kreuzzeichen

Im Namen des Vaters
und des Sohnes
und des Heiligen Geistes.
Amen.

Müde bin ich

Müde bin ich, geh zur Ruh,
schließe beide Äuglein zu.
Vater, lass die Augen dein
über meinem Bette sein.

Hab ich Unrecht heut getan,
sieh es, lieber Gott, nicht an!
Deine Gnad und Jesu Blut
machen allen Schaden gut.

Alle, die mir sind verwandt,
Gott, lass ruhn in deiner Hand.
Alle Menschen, groß und klein,
sollen dir befohlen sein.

Kranken Herzen sende Ruh,
nasse Augen schließe zu,
lass den Mond am Himmel stehn
und die stille Welt besehn.

Luise Hensel

Weißt du, wie viel Sternlein stehen?

Weißt du, wie viel Sternlein stehen,
an dem blauen Himmelszelt?
Weißt du, wie viel Wolken ziehen
weithin über alle Welt?
Gott, der Herr, hat sie gezählet,
dass ihm auch nicht eines fehlet
an der ganzen großen Zahl.

Weißt du wie viel Kinder schlafen,
heute Nacht im Bettelein?
Weißt du wie viel Träume kommen
zu den müden Kinderlein?
Gott, der Herr, hat sie gezählet,
das ihm auch nicht eines fehlet,
kennt auch dich und hat dich lieb.

Wilhelm Hey

Bevor ich mich zur Ruh begeb

Bevor ich mich zur Ruh begeb,
zu dir, o Gott, mein Herz ich heb
und sage Dank für jede Gab,
die ich von dir empfangen hab.
Und hab ich heut missfallen dir,
so bitt ich dich, verzeih es mir!
Dann schließ ich froh die Augen zu,
es wacht ein Engel, wenn ich ruh.

Heiliger
Schutzengel mein

Heiliger Schutzengel mein,
lass mich dir empfohlen sein.
In dieser Nacht, ich bitte dich,
beschütze und bewahre mich.

Meine Hoffnung
und meine Freude

Meine Hoffnung und meine Freude,
meine Stärke, mein Licht:
Christus, meine Zuversicht.
Auf dich vertrau ich
und fürcht mich nicht.

Taizé

Sei unser Gott

Sei unser Gott, der alle Welt
in seiner Liebe leitet,
halt deine Hand so wie ein Zelt
hoch über uns gebreitet.

Sei überall, wo Menschen sind,
wo immer Menschen träumen,
sei leise wie ein sanfter Wind,
der umgeht in den Bäumen.

Sei unser Gott, der mit uns zieht
mit seinem großen Segen,
sei unser Leben, unser Lied,
ein Licht auf unsern Wegen.

Lothar Zenetti

Abends, wenn ich schlafen geh

Abends, wenn ich schlafen geh,
vierzehn Engel um mich stehn:
zwei zu meinen Häupten,
zwei zu meinen Füßen,
zwei zu meiner Rechten,
zwei zu meiner Linken,
zweie, die mich decken,
zweie, die mich wecken,
zweie, die mich weisen
zu Himmels Paradeisen.

Engelbert Humperdinck

Schon glänzt der gold'ne Abendstern

Schon glänzt der gold'ne Abendstern.
Gut Nacht, ihr Lieben, nah und fern,
schlaft ein in Gottes Frieden!
Die Blume schließt die Äuglein zu,
der kleine Vogel geht zur Ruh,
bald schlummern alle Müden.
Du aber schläfst und schlummerst nicht,
du treuer Gott im Sternenlicht,
dir will ich mich vertrauen.
O hab auf mich, dein Kindlein, Acht!
Lass mich nach einer guten Nacht
die Sonne fröhlich schauen.

In Gottes Namen

In Gottes Namen steh ich auf,
Herr Jesus, leite meinen Lauf,
begleite mich mit deinem Segen,
behüte mich auf allen Wegen.

O Gott, du hast in dieser Nacht

O Gott, du hast in dieser Nacht
so väterlich für mich gewacht.
Ich lob und preise dich dafür
und dank für alles Gute dir.
Bewahre mich auch diesen Tag
vor Sünde, Tod und jeder Plag.
Und was ich denke, red und tu,
das segne, liebster Vater, du.
Beschütze auch, ich bitte dich,
o heil'ger Engel Gottes, mich.
Maria, bitt an Gottes Thron
für mich bei Jesus, deinem Sohn,
der hochgelobt sei allezeit
von nun an bis in Ewigkeit.

Wie fröhlich
bin ich aufgewacht

Wie fröhlich bin ich aufgewacht,
wie hab ich geschlafen so sanft die Nacht!
Hab Dank, du Vater im Himmel mein,
dass du hast wollen bei mir sein.
Behüte mich auch diesen Tag,
dass mir kein Leid geschehen mag.

Die Sonne schon den Tag erhellt

Die Sonne schon den Tag erhellt
und schenkt aufs Neue uns die Welt.
Ich atme tief, ich bin erquickt,
Gott hat mir einen Traum geschickt.
Ich laufe in das schöne Licht
und wasch darin mein Angesicht.
Gott, du bist groß, Gott, du bist gut,
bewege wie das Meer mein Blut
und lass mein Auge sonnig sein
und wie das Wasser klar und rein.
Fang an, o Tag, in Gottes Namen
und wachse, leuchte, sinke. Amen.

Stefan Andres

Weißt du, wie viel Mücklein spielen

Weißt du, wie viel Mücklein spielen
in der hellen Sonnenglut?
Wie viel Fischlein auch sich kühlen
in der hellen Wasserflut?
Gott, der Herr, rief sie mit Namen,
dass sie all ins Leben kamen,
dass sie nun so fröhlich sind.

Weißt du, wie viel Kinder frühe
stehn aus ihrem Bettlein auf,
dass sie ohne Sorg und Mühe
fröhlich sind im Tageslauf?
Gott im Himmel hat an allen
seine Lust, sein Wohlgefallen,
kennt auch dich und hat dich lieb.

Wilhelm Hey

Was nah ist und was ferne

Was nah ist und was ferne,
von Gott kommt alles her,
der Strohhalm und die Sterne,
das Sandkorn und das Meer.
Von ihm sind Büsch und Blätter
und Korn und Obst, von ihm
das schöne Frühlingswetter
und Schnee und Ungestüm.
Er lässt die Sonn aufgehen,
er stellt des Mondes Lauf,
er lässt die Winde wehen
und tut die Wolken auf.
Er schenkt uns so viel Freude,
er macht uns frisch und rot,
er gibt dem Viehe Weide
und seinen Menschen Brot.

Matthias Claudius

O Gott, von dem wir alles haben

O Gott, von dem wir alles haben,
wir preisen dich für deine Gaben.
Du speisest uns, weil du uns liebst,
o segne auch, was du uns gibst.

Komm,
Herr Jesus

Komm, Herr Jesus, sei unser Gast
und segne, was du uns bescheret hast.

Jedes Tierlein hat sein Essen

Jedes Tierlein hat sein Essen,
jedes Blümlein trinkt von dir.
Hast auch unser nicht vergessen,
guter Gott wir danken dir.

Dir sei, o Gott,
für Speis und Trank

Dir sei, o Gott, für Speis und Trank,
für alles Gute Lob und Dank.
Du gabst, du willst auch künftig geben,
dich preise unser ganzes Leben.

Vater unser

Vater unser im Himmel!
Geheiligt werde dein Name.
Dein Reich komme.
Dein Wille geschehe
wie im Himmel so auf Erden.
Unser tägliches Brot gib uns heute.
Und vergib uns unsere Schuld,
wie auch wir vergeben unseren Schuldigern.
Und führe uns nicht in Versuchung,
sondern erlöse uns von dem Bösen.

Denn dein ist das Reich und die Kraft
und die Herrlichkeit in Ewigkeit.

Ave Maria

Gegrüßet seist du, Maria,
voll der Gnade,
der Herr ist mit dir.
Gebenedeit bist du unter den Frauen,
und gebenedeit ist die Frucht deines Leibes,
Jesus.
Heilige Maria, Mutter Gottes,
bitte für uns Sünder
jetzt und in der Stunde unseres Todes.

Der Herr ist mein Hirte

Der Herr ist mein Hirte;
mir wird nichts mangeln.
Er weidet mich auf grüner Aue
und führt mich zum frischen Wasser.
Er erquickt meine Seele;
er führt mich auf rechter Straße
um seines Namens willen.
Und ob ich schon wanderte im finstern Tal,
fürchte ich kein Unglück;
denn du bist bei mir,
dein Stecken und dein Stab trösten mich.
Du bereitest vor mir einen Tisch
im Angesicht meiner Feinde.
Du salbst mein Haupt mit Öl
und schenkst mir voll ein.
Gutes und Barmherzigkeit
werden mir folgen mein Leben lang,
und ich werde bleiben im Hause des Herrn immerdar.

Psalm 23

Mit Kindern beten

Wenn ein Mensch betet, betritt er einen inneren Raum. In diesem Raum ist er geborgen und heil. Jesus sagt: Jedes Kind hat einen Engel, der allezeit vor dem Angesicht Gottes steht (Matthäus 18,10). Wenn Sie mit Ihren Kindern beten, dann öffnen Sie ihnen die Tür zu diesem inneren Raum und geben ihnen den Schlüssel an die Hand. Dieser Schlüssel wird zeit Lebens nicht verlorengehen. Der Schriftsteller Clemens Brentano überliefert in einem Brief an seine Nichte, dass in wirren Zeiten seines Lebens es die Erinnerung an die Gebete seiner Kindheit war, an der er sich festhalten und aufrichten konnte.

Wichtig ist, dass Sie für das Beten mit Ihrem Kind einen festen zeitlichen Rahmen finden: am Abend vor dem Schlafengehen, am Morgen zum Aufstehen, bei den gemeinsamen Mahlzeiten. So wird das Gebet zu einem täglichen Ritual, das Ihrem Kind Geborgenheit und Sicherheit schenkt. Sie können ihm am Abend das Kreuzzeichen mit dem Segenswort auf die Stirn zeichnen und es anleiten, den Morgen selbst mit einem Kreuzzeichen zu beginnen: „Im Namen des Vaters und des Sohnes und des Heiligen Geistes." Eine schöne Sitte ist, ein kleines Becken mit Taufwasser („Weihwasser") im Schlafzimmer zu haben, um die Finger für das Kreuzzeichen in das Wasser zu tauchen.

Der „Gebetsschatz" dieses Buches stellt Worte zur Verfügung, die Ihrem Kind helfen, für Gott seelische Bilder zu finden, die ihm den Weg zu seinem inneren Raum weisen. Es sind bewährte, zum Teil alte Worte, die oft nicht im täglichen Sprachgebrauch Ihres Kindes vorkommen. Sie machen deutlich: Gott, mit dem wir uns im Gebet verbinden, ist nicht irgendein Bestandteil der täglichen Welt, die wir zu gestalten haben. Gott ist vielmehr der Horizont unseres Lebens, der alle Erfahrung übergreift und umfasst.

Ist durch das geprägte Gebetswort der Weg zum inneren Raum der Stille gewiesen, können Sie mit Ihrem Kind zum Beispiel den Tag Revue passieren lassen („Wofür kann ich heute dankbar sein") oder es die Namen der Menschen und Tiere nennen lassen, die es Gott anvertrauen will. Nach diesen freien Worten ist es gut, das Gebet mit dem Kreuzzeichen oder einem anderen festen Gebetswort abzuschließen (den Gute-Nacht-Kuss nicht vergessen!).

Die Bilder dieses „Gebetsschatzes" sind Werke der Meister christlicher Kunst. Sie setzen biblische Sprachbilder um in Darstellungen, die uns seelische Ur-Bilder vor Augen stellen: den Engel, den Christus im Sonnenkreis, die heilige Jungfrau … Diese Bilder werden heilsam auf die Seele Ihres Kindes wirken. Bewusst wurde auf Darstellungen verzichtet, die Gott selbst (als „alten Mann mit Bart") ins Bild bringen: Gott lässt sich nicht „abbilden"; das einzige „Bild" hat Gott selbst uns geschenkt: Jesus Christus („Wer mich sieht, sieht den Vater"). Deshalb hat zum Beispiel der mittelalterliche Meister Bertram Gott, der die Sterne und Tiere erschafft (in diesem Band Seite 8 und 31), so abgebildet, dass er die Züge Christi trägt: Jesus hat uns gezeigt, wie Gott ist, von dem wir kein Bild haben. Einige Informationen zu den Abbildungen sind diesem Band beigegeben, damit Sie mit dem Kind über die Bilder sprechen können.

Die Zeiten des gemeinsamen Betens mit Ihrem Kind können für Sie Momente werden, in denen Sie Ihr Kind „mit den Augen Gottes" anschauen, als kostbares Geschenk, das Ihnen anvertraut ist und das Sie in größere Hände legen dürfen.

Ulrich Sander

Bildbeschreibungen

Seite 4: „Im Namen des Vaters und des Sohnes und des Heiligen Geistes": Andrei Rubljow (1360–1430), Ikone der Dreifaltigkeit (1411). Die Darstellung bezieht sich auf die alttestamentliche Erzählung, nach der Gott in Gestalt dreier Männer/Engel Abraham und Sara besucht und Mahl hält (Genesis 18,1–33). Am rechten Tischende (links vom Betrachter aus gesehen) thront Gott Vater, dem sich Christus (in der Mitte) und der Geist (vom Betrachter aus rechts gesehen) zuneigen. Der „Engel" in der Mitte trägt das typische Christus-Gewand: das rote Unterkleid (rot = Farbe der Erde und des Menschen) und den blauen Überwurf (blau = Farbe des Himmels).

Seite 7: „Müde bin ich, geh zur Ruh": Rembrandt Harmenszoon van Rijn (1606–1669), Heilige Familie mit Engeln (1645). Von zwei Stellen fällt Licht in die dunkle Stube: von „oben", wo die Engel wachen, und aus der Wiege des Kindes selbst. Maria hält in der einen Hand die Bibel, mit der anderen den Korb des schlafenden Kindes, in dem Gottes Wort Mensch geworden ist.

Seite 8: „Weiß du, wie viel Sternlein stehen": Meister Bertram von Minden (1340–1414), Grabower Altar: Gott erschafft die Sterne (Genesis 1,14–19). Der mittelalterliche Künster malt den (bildlosen) Gott nach dem Bild Christi.

Seite 11: „Es wacht ein Engel, wenn ich ruh": Simon Fjodorowitsch Uschakow (1626–1686), Erzengel Gabriel.

Seite 12: „Heiliger Schutzengel mein": Andrea del Verrocchio (1435–1488), Tobias und der Engel (um 1470). Als biblisches „Ur-Bild" des Schutzengels gilt der Erzengel Rafael, der den jungen Tobias auf seiner Reise begleitet. Die spannende Geschichte erzählt die alttestamentliche Spätschrift des Buches Tobit.

Seite 15: „Meine Stärke, mein Licht, Christus, meine Zuversicht": Matthias Grünewald (gestorben 1532), Auferstandener vom Isenheimer Altar

(1506–1515); das Altarbild wurde für die Hospizkapelle des Antoniterklosters in Isenheim gemalt. Die Mönche betrieben ein Hospiz für Schwerkranke. Die Bilder des Isenheimer Altars wurden den Kranken gezeigt und galten als „spirituelle Therapie". Nach seinem Leiden und Tod wird Jesus zu einem neuen unzerstörbaren Leben auferweckt, sein Gewand strahlt in allen Farben des Regenbogens.

Seite 16: „Sei unser Gott, der mit uns zieht, mit seinem großen Segen": Viktor Michailowitsch Wasnezow (1848–1926), Christus Pantokrator. Modell für das Fresko der Wladimir-Kathedrale in Kiew (1905). Das Bild des russischen Künstlers zeigt den segnenden Christus, der in der Schöpfung (Sternenhimmel) und in seinem Wort (Evangelienbuch) bei den Menschen ist.

Seite 19: „Vierzehn Engel um mich stehn": unbekannter englischer Maler, rechte Seite eines zweiteiligen Gemäldes („Wilton-Diptychon", um 1395). Wenn man genau hinschaut, erkennt man, dass auf dem Gewand aller Engel ein weißer Hirsch gestickt ist, das Wappenzeichen des englischen Königs Richard II., aber auch spirituelles Symbol für Jesus Christus und die Auferstehung vom Tod.

Seite 20: „Du aber schläfst und schlummerst nicht, du treuer Gott im Sternenlicht": William Holman Hunt (1827–1910), Das Licht der Welt (1851–53), Ausschnitt. Das Bild zeigt Christus, als Priester-König gekleidet, vor dem nächtlichen Sternenhimmel, umgeben von Wald. Der Maler versteht sein Bild als Umsetzung des Bibelwortes: „Ich stehe vor der Tür und klopfe an. Wer meine Stimme hört und die Tür öffnet, bei dem werde ich eintreten und wir werden Mahl halten, ich mit ihm und er mit mir" (Offenbarung 3,20).

Seite 23: „Begleite mich mit deinem Segen": Antonello da Messina (1429–1479), Detail aus dem Gemälde einer thronenden Madonna (1475–1476). Der Ausschnitt zeigt das Jesuskind, das den Betrachter weise und wissend anblickt und mit der rechten Hand segnet.

Seite 24: „Maria, bitt an Gottes Thron für mich bei Jesus, deinem Sohn": Marienkrönung vom Nürnberger Imhoff-Altar (1418–1422). Der mittelalterliche Maler zeigt Jesus und seine Mutter in himmlischem Glanz. Maria hat die Hände betend gefaltet, Jesus setzt ihr eine Krone auf als Zeichen, dass er ihre Bitten erhört.

Seite 27: „Wie fröhlich bin ich aufgewacht": Leonardo da Vinci (1427–1504), Anna Selbdritt mit Lamm (bis 1504). Das (unvollendete) Bild zeigt drei Generationen: Marias Mutter Anna, Maria und das Jesuskind, das mit dem Lamm spielt (Das Lamm deutet schon auf den Tod des Erlösers voraus). Das Gemälde ist ein Bild der Geborgenheit jedes Gotteskindes in der mütterlichen Liebe Gottes.

Seite 28: „Die Sonne schon den Tag erhellt": Julius Schnorr von Carolsfeld (1794–1872), Clara Bianka von Quandt mit Laute (1820). Das Porträt der jungen Frau kann als Sinnbild für den jungen Morgen stehen. Rot (Blut) ist die Farbe der Leidenschaft und Lebenskraft, die durch den menschlichen Geist geformt zu einem harmonischen Werk (hier: Musik) führt.

Seite 31: „Gott, der Herr, rief sie mit Namen, dass sie all ins Leben kamen": Meister Bertram von Minden (1340–1414), Grabower Altar: Gott erschafft die Tiere (Genesis 1,20–25). Der mittelalterliche Künster malt den (bildlosen) Gott nach dem Bild Christi.

Seite 32: „Von Gott kommt alles her": Joseph Anton Koch (1768–1838), Landschaft mit Regenbogen (1805). Nach der biblischen Noach-Erzählung ist der Regenbogen Zeichen des Bundes zwischen dem Schöpfer und der Erde (Genesis 9,8–17).

Seite 35: „O Gott, von dem wir alles haben": Brüder Limburg (gestorben 1412), Aus dem Stundenbuch des burgundischen Herzogs Johann von Berry. Die Illustration des mittelalterlichen Andachtsbuches zeigt das Monatsbild für März. Links oben weidet ein Schäfer mit Hund seine Schafe, darunter beschneiden drei Weinbergarbeiter Weinstöcke; rechts sieht ein Bauer Getreide. Im Vordergrund pflügt ein Bauer mit Ochsengespann das Ackerland. Die Gaben Gottes, für die wir danken, sind immer „Frucht der Erde und der menschlichen Arbeit" (Gabengebet der heiligen Messe).

Seite 36: „Komm, Herr Jesus": Leonardo da Vinci (1427–1504), Abendmahl (1494–1948), Ausschnitt aus dem Gemälde an der Wand des Speisesaals des Dominikanerklosters in Mailand. Beim letzten Abendmahl sagte Jesus zu seinen Jüngern: „Ich werde von dem Mahl nicht mehr essen, bis es seine Erfüllung findet im Reich Gottes" (Lukas 22,16). Wir laden bei jeder Mahlzeit Jesus an unseren Tisch, bis wir mit ihm Mahl halten werden im Reich Gottes.

Seite 39: „Jedes Tierlein hat sein Essen": Jan Brueghel der Ältere (1568–1625), Paradieslandschaft mit Arche Noah (1613). In der Bibel erzählt Genesis 9,9–10 von dem Bund, den Gott mit allen Lebewesen der Erde schließt.

Seite 40: „Für alles Gute Lob und Dank": Peter Brueghel (1525–1569), Die Bauernhochzeit (1568), Detail. Der Ausschnitt aus dem Vordergrund des Gemäldes zeigt unter den Hochzeitsgästen ein Kind, das die Mütze des Bräutigams aufgesetzt hat und eine Schüssel ausschleckt.

Seite 43: „So sollt ihr beten", Meister von St. Severin (16. Jh.), Christus betet am Ölberg (um 1520), bearbeiteter Ausschnitt. Nach der Bibel lehrt Jesus die Jünger, das Vaterunser zu beten (Matthäus 6,9–13). Nach dem letzten Abendmahl betet Jesus am Ölberg: „Abba, lieber Vater, dein Wille geschehe." Nach Lukas 22,43 erschien ihm ein Engel zur Stärkung.

Seite 44: „Gegrüßest seist du, Maria": Fra Angelico (um 1400–1455), Verkündigung an Maria (1430–1432). Die ersten Zeilen des Ave-Maria-Gebetes sind die Worte des Engels Gabriel an Maria (Lukas 1,28). Der zweite Teil sind die Worte Elisabets an Maria (Lukas 1,42). Der dritte Teil („Heilige Maria, Mutter Gottes, bitte für uns ...) ist aus der Überlieferung der Kirche.

Seite 47: „Der Herr ist mein Hirte": Darstellung des „Guten Hirten" Jesus auf einem Mosaik aus dem 5. Jahrhundert in der Kirche St. Laurentius (Grabmal der Galla Placidia) in Ravenna. Die „grüne Aue" und das „frische Wasser" aus Psalm 23 sind lebendig ins Bild gebracht.

Inhalt

Textnachweise:
S. 14: „Meine Hoffnung und meine Freude"
© Ateliers et Presse de Taizé, Taizé Communauté
S. 17: „Sei unser Gott, der alle Welt": Lothar Zenetti,
Ein kleines Lied zum großen Gott, Strophen 1, 3 und 4, in: Ders.,
Die wunderbare Zeitvermehrung 254–255, Verlag J. Pfeiffer 1979
S. 29: „Die Sonne schon den Tag erhellt": Stefan Andres,
Morgengebet für Kinder © Irene Maria Röhrscheid-Andres
S. 46: Psalm 23 nach der Lutherbibel 1912

Bildnachweise:
S. 16: akg-images
S. 20: wikimedia commons
S. 39: wikimedia commons
Cover und alle anderen © 1997–2004 Directmedia Publishing GmbH

Konzeption und Text- und Bildredaktion:
Ulrich Sander, Freiburg

Gesamtgestaltung und Herstellung:
Weiß-Freiburg GmbH – Graphik & Buchgestaltung
Umschlagmotiv: Raffael (1483–1520), Sixtinische Madonna (1512/1513)
Printed in the Czech Republic

ISBN 978-3-460-28116-5